UN LUNES POR
LA MAÑANA

UN LUNES POR LA MAÑANA

Uri Shulevitz

LOS ESPECIALES DE
A la orilla del viento

FONDO DE CULTURA ECONÓMICA
MÉXICO

Un lunes por la mañana es la composición de la antigua
canción tradicional francesa: "Un lunes por la mañana,
el emperador, su mujer..."

Shulevitz, Uri
     Un lunes por la mañana / Uri Shulevitz ; trad. de Andrea
Fuentes Silva. – México : FCE, 2004
     56 p. : ilus. ; 18 x 25 cm – (Colec. Los Especiales de
     A la Orilla del Viento)
Título original One Monday Morning
     ISBN 968-16-7362-X

1. Literatura infantil I. Fuentes Silva, Andrea, tr. II. Ser III. t

LC PZ7 Dewey 808.068 S784l

Primera edición en inglés: 2003
Primera edición en español: 2004

Título original: *One Monday Morning*
Traducción: Andrea Fuentes Silva

One Monday Morning, de Uri Shulevitz
Copyright © 1967, Uri Shulevitz
Publicado por acuerdo con Farrar, Straus and Giroux, LLC, Nueva York

D.R. © 2004, Fondo de Cultura Económica
Av. Picacho Ajusco 227
14200, México, D.F

Editora: Miriam Martínez Garza
Coordinación de la colección: Andrea Fuentes Silva
Dirección artística: Mauricio Gómez Morin
Diseño: J. Francisco Ibarra Meza

www.fondodeculturaeconomica.com

ISBN 968-16-7362-X

Impreso en México / *Printed in Mexico*

Para Ehud

Un lunes por la mañana,

el rey,

la reina y el principito vinieron a visitarme.

Pero yo no estaba en casa.

Así que el principito dijo:
—En ese caso, volveremos el martes.

El martes por la mañana, el rey, la reina, el principito

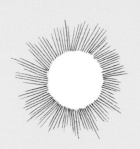

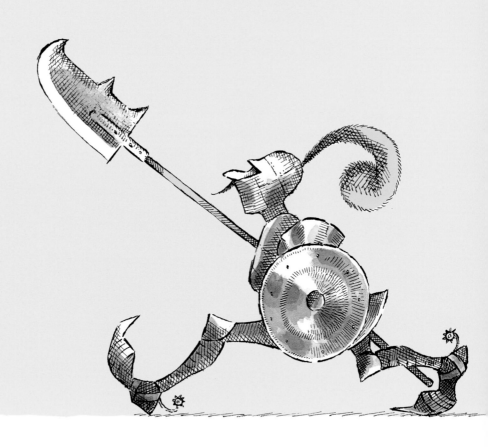

y el caballero vinieron a visitarme.

Pero yo no estaba en casa.

Así que el principito dijo:
—En ese caso, volveremos el miércoles.

El miércoles por la mañana,
el rey
la reina,
el principito,
el caballero
y el guardia real
vinieron a visitarme.

Pero yo no estaba en casa.

Así que el principito dijo:
—En ese caso, volveremos el jueves.

El jueves por la mañana,
el rey, la reina,
el principito,
el caballero, el guardia real
y el cocinero real
vinieron a visitarme.

Pero yo no estaba en casa.

Así que el principito dijo:
—En ese caso, volveremos el viernes.

El viernes por la mañana,
el rey, la reina,
el principito,
el caballero, el guardia real,
el cocinero real
y el peluquero real
vinieron a visitarme.

Pero yo no estaba en casa.

Así que el principito dijo:
—En ese caso, volveremos el sábado.

5
FLOOR

El sábado por la mañana,
el rey, la reina,
el principito,
el caballero, el guardia real
el cocinero real,
el peluquero real
y el bufón real
vinieron a visitarme.

Pero yo no estaba en casa.

Así que el principito dijo:
—En ese caso, volveremos el domingo.

El domingo por la mañana, el rey, la reina,
el principito, el caballero, el guardia real,

el cocinero real,
el peluquero real,
el bufón real
y un perrito
vinieron a visitarme.

Y yo sí estaba en casa.

Así que el principito dijo:

—Pasábamos por aquí y subimos a saludarte.

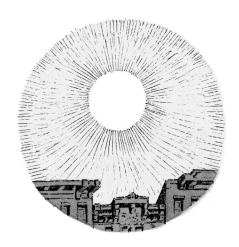

Un lunes por la mañana
de Uri Shulevitz,
se terminó de imprimir en los talleres
de Impresora y Encuadernadora
Progreso, S.A. de C.V. (IEPSA),
Calzada San Lorenzo núm. 244;
09830, México, D. F., durante
el mes de noviembre de 2004.
Se imprimieron 5 000 ejemplares
más sobrantes para reposición.